maktab - мактаб	2
sayohat - саёҳат	5
transport - нақлиёт	8
shahar - шаҳр	10
manzara - ландшафт	14
restoran - тарабхона	17
supermarket - супермаркет	20
ichimliklar - нӯшокиҳои	22
taom - таъом	23
chorvachilik xo'jaligi - ферма	27
uy - хона	31
mehmonxona - мехмонхона	33
oshxona - ошхона	35
vannaxona - ҳамом	38
bolalar xonasi - ҳуҷраи кӯдакона	42
kiyim - либос	44
idora - идора	49
iqtisod - иқтисодиёт	51
kasblar - касбҳо	53
asboblar - асбобҳо	56
musiqa asboblari - асбобҳои мусиқӣ	57
hayvonot bog'i - боғи ҳайвонот	59
sport o'yinlari - варзиш	62
mashg'ulot - фаъолият	63
oila - оила	67
tana - бадан	68
shifoxona - бемористон	72
tez yordam - ҳолати фавқулодда	76
yer - замин	77
soat - вақт	79
xafta - ҳафта	80
yil - сол	81
shakllar - баст	83
ranglar - рангҳо	84
qarama-qarshi ma'noli so'zlar - мухолифат	85
raqamlar - ададҳо	88
tillar - забонҳо	90
kim / nima / qanday - ки / чиро / тавр	91
qayerda - дар куҷо	92

Impressum
Verlag: BABADADA GmbH, Nedderfeld 112 , 22529 Hamburg
Geschäftsführer / Verlagsleitung: Harald Hof
Druck: Books on Demand GmbH, In de Tarpen 42, 22848 Norderstedt

Imprint
Publisher: BABADADA GmbH, Nedderfeld 112 , 22529 Hamburg, Germany
Managing Director / Publishing direction: Harald Hof
Print: Books on Demand GmbH, In de Tarpen 42, 22848 Norderstedt, Germany

maktab
мактаб

- bo'lmoq — тақсим кардан
- doska — тахтаи синф
- sinf — синф
- maktab hovlisi — саҳни мактаб
- o'qituvchi — муаллим
- qog'oz — қоғаз
- ruchka — ручка
- yozmoq — навиштан
- ish stoli — мизи хатнависӣ
- lineyka — ҷадвал
- kitob — китоб
- o'quvchi — талаба

osma sumka
ҷузвдон

qalamdon
қаламдон

qalam
қалам

qalam uchlagich
қаламтезкунак

o'chirgich
хаткуркунак

rasm albomi
блокноти расмкашӣ

chizmachilik

расм

boʻyoq choʻtka

мўқалами рассомӣ

boʻyoqdon

қуттии рангҳо

qaychi

қайчӣ

yelim

ширеш

mashgʻulot daftari

дафтари машқ

uy ishi

вазифаи хонагӣ

raqam

рақам

qoʻshmoq

ҷамъ кардан

ayirmoq

кам кардан

koʻpaytirmoq

зарб задан

sanamoq

ҳисоб кардан

xat

ҳарф

alifbo

алфавит

soʻz boyligi

калима

maktab - мактаб

matn

матн

oʻqimoq

хондан

boʻr

бӯр

dars

дарс

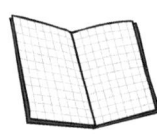

jurnal

журнали синфӣ

imtihon

имтиҳон

guvohnoma

шаҳодатнома

maktab formasi

либоси мактабӣ

taʼlim

таҳсил/маориф

qomus

энсиклопедия

oliygoh

донишгоҳ

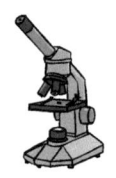

mikroskop

микроскоп (more frequently used)

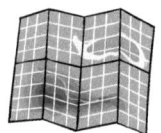

xarita

харита

urna

사бади партофҳои коғазӣ

maktab - мактаб

sayohat
саёҳат

mehmonxona / меҳмонхона

sayyohlar yotoqxonasi / хобгоҳ

pul ayirboshlash shahobchasi / нуқтаи мубодилаи асъор

chemodan / чамадон

mashina / мошин

til
забон

ha / yo'q
ҳа / не

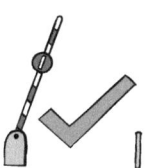

Xo'p
Хуб

salom
Ассалому алейкум

tarjimon
тарҷумон

Raxmat
Раҳмат

sayohat - саёҳат

necha pul...?
чӣ қадар аст ...?

Tushunmadim
Ман намефаҳмам

muammo
проблема

Xayrli kech!
шаб ба хайр!

Xayrli tong!
субҳ ба хайр

Xayrli tun!
шаби хуш

ko'rishguncha
хайр

yo'nalish
равона

yo'lovchi yuki
бағоҷ

safarxalta
ҷузвдон

yuk xalta
борхалта

mehmon
меҳмон

xona
хона

uyquqop
хобхалта

palatka
хайма

sayohat - саёҳат

sayohlarga ma'lumot berish stoli

маълумоти сайёҳӣ

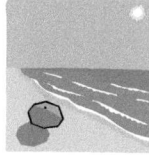

plyaj

соҳил

omonat karta

корти кредитӣ

nonushta

наҳорӣ

nonushta

хӯроки пешин

kechki ovqat

хӯроки шом

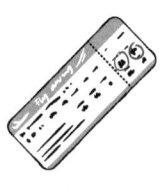

chipta

чипта

lift

лифт

marka

марка

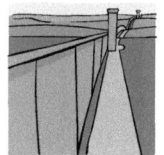

chegara

сарҳад

bojxona

Гумрук

elchixona

сафорат

viza

раводид

pasport

шиносномa

sayohat - саёҳат

7

transport
нақлиёт

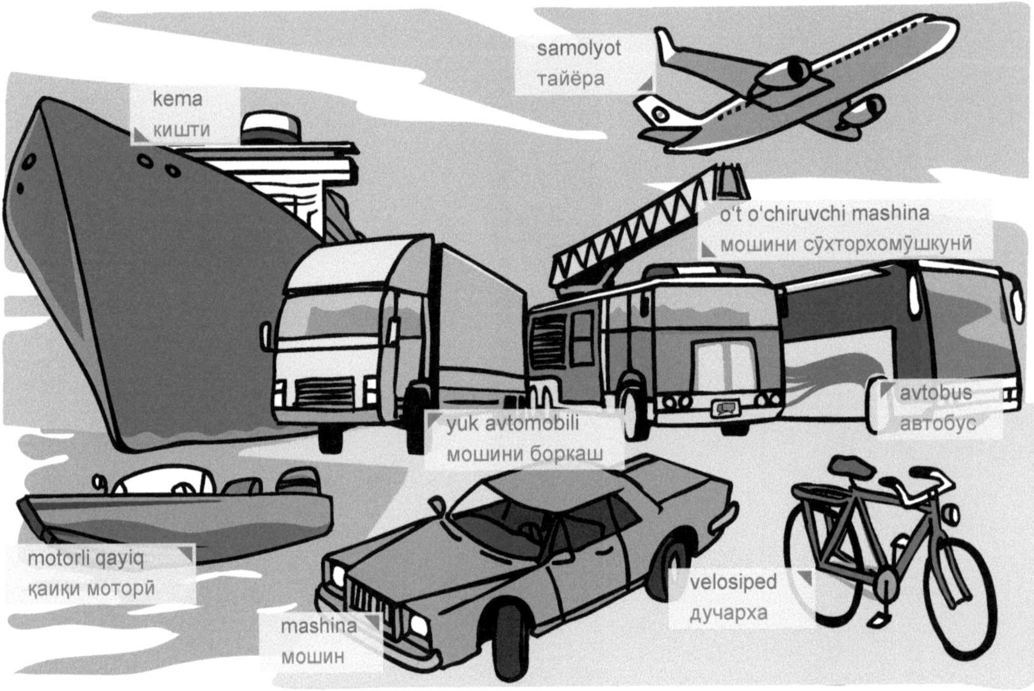

samolyot
тайёра

kema
кишти

o't o'chiruvchi mashina
мошини сӯхторхомӯшкунӣ

avtobus
автобус

yuk avtomobili
мошини боркаш

motorli qayiq
қаиқи моторӣ

velosiped
дучарха

mashina
мошин

solsimon yassi kema

паром

qayiq

қаиқ

mototsikl

мотосикл

posbon mashinasi

мошини полис

poyga mashinasi

мошини тезрави пойгаи

kiraga olingan avtoulov

кирояи мошинҳо

transport - нақлиёт

avtoijara

ҳамроҳ истифодабарии мошин

shatakka oluvchi yuk avtomobili

эвакуатор

axlat mashinasi

павтовҷамъкунӣ

motor

муҳаррик

yoqilg'i

сӯзишворӣ

yoqilg'i quyish shahobchasi

нуқтаи фурӯши сӯзишворӣ

yo'l belgisi

аломати роҳ

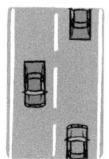

yo'l harakati

ҳаракат

tirband

бандшавии ҳаракати роҳ

avtomobil to'xtab turish joyi

ҷои исти мошинҳо

poyezd bekati

истгоҳи роҳи оҳан

rels

роҳи оҳан

poyezd

қатора

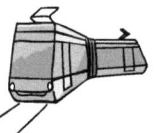

tramvay

тамвай

vagon

вагон

transport - нақлиёт

vertolyot

чархбол

aeroport

фурудгоҳ

minora

манора

yo'lovchi

мусофир

konteyner

контейнер

qog'oz quti

щутии картонӣ

aravacha

ароба

savat

сабад

uchmoq / qo'nmoq

гирифтан / замин

shahar
шаҳр

qishloq

деҳа

shahar markazi

маркази шаҳр

uy

хона

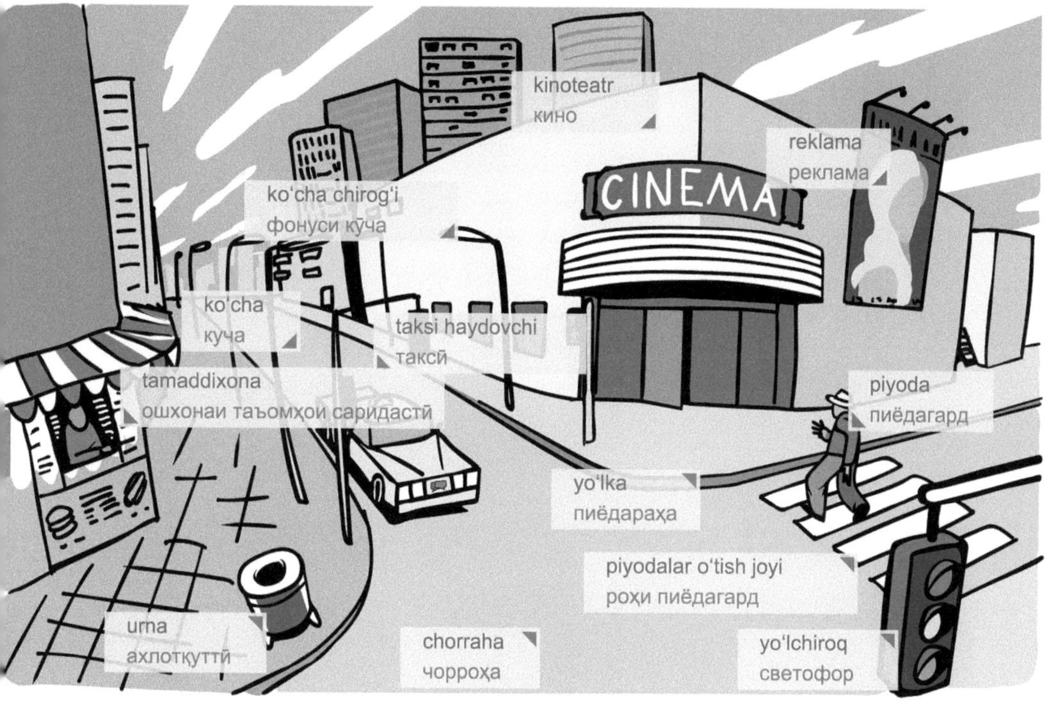

kinoteatr
кино

reklama
реклама

ko'cha chirog'i
фонуси кӯча

ko'cha
кӯча

taksi haydovchi
таксӣ

tamaddixona
ошхонаи таъомҳои саридастӣ

piyoda
пиёдагард

yo'lka
пиёдараҳа

piyodalar o'tish joyi
роҳи пиёдагард

urna
ахлотқуттӣ

chorraha
чорроҳа

yo'lchiroq
светофор

kulba
кулба

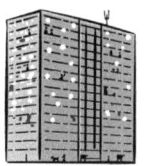

kvartira
ҳамвор

poyezd bekati
истгоҳи роҳи оҳан

mahalliy hokimiyat binosi
бинои маъмурияти шаҳр

muzey
осорхона

maktab
мактаб

shahar - шаҳр

oliygoh

донишгоҳ

bank

бонк

shifoxona

бемористон

mehmonxona

меҳмонхона

dorixona

доухона

idora

идора

kitob do'koni

сехи китоб

do'kon

сехи

gul do'koni

мағозаи гулфурӯшӣ

supermarket

супермаркет

bozor

бозор

univermag

универмаг

baliq do'koni

мағозаи моҳифурӯшӣ

savdo markazi

маркази савдо

bandargoh

бандар

shahar - шаҳр

istirohat bogʻi	bank	koʻprik
парк	бонк	пул

zinapoya	metro	yer osti yoʻli
зинапоя	метро	нақби

avtobus bekati	bar	restoran
истгоҳи автобус	бар	тарабхона

pochta qutisi	koʻcha yozuv osma taxtasi	toʻxtab turish vaqtini hisoblagach
куттии почта	аломати номи кӯчаҳо	ҳисобкунаки исти мошинҳо
	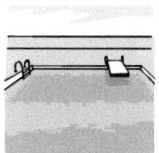	
hayvonot bogʻi	basseyn	masjid
боғи ҳайвонот	ҳавзи шиноварӣ	масҷид

shahar - шаҳр

chorvachilik xoʻjaligi
ферма

atrof-muhit ifloslanishi
ифлоскунӣ

qabriston
қабристон

ibodatxona
калисо

bolalar oʻyingohi
майдончаи бозӣ

ehrom
маъбад

manzara
ландшафт

- yaproq / барг
- yoʻlkoʻrsatgich / аломати роҳнамо
- yoʻl / роҳ
- oʻtloq / алафзор
- tosh / санг
- daraxt / дарахт
- sayyoh / сайёҳ
- daryo / дарё
- maysa / алаф
- gul / гул

manzara - ландшафт

 vodiy водӣ	 qir кӯҳ	 koʻl кул
 oʻrmon беша	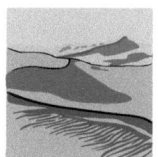 choʻl биёбон	 vulkan вулкан
 qalʼa қалъа	 kamalak рангинкамон	 qoʻziqorin занбӯруғ
 palma daraxti дарати нахл	 pashsha хомӯшак	 chivin паридан
 chumoli мурча	 asalari занбур	 oʻrgimchak тортанак

manzara - ландшафт

qo'ng'iz
гамбӯсак

qurbaqa
қурбоққа

olmaxon
санҷоб

tipratikon
хорпушт

quyon
харгӯш

ukki
бум

qush
парранда

oqqush
мурғи қу

erkak cho'chqa
хуки ваҳшӣ

bug'u
оҳу

butoq shohli kiyik
гавазн

to'g'on
сарбанд

shamol generatori
турбина шамол

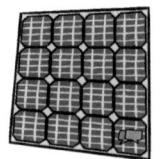
quyosh batareyasi
панел офтобӣ

iqlim
иқлим

manzara - ландшафт

restoran
тарабхона

- ofitsiant / пешхизмат
- taomnoma / меню
- stul / курсӣ
- sho'rva / шӯрбо
- pitstsa / Pizza
- dasturxon / дастархон
- oshxona anjomlari / асбобу анҷоми хӯрокхӯрӣ

gazak
стартер/корандоз

asosiy taom
хӯроки асосӣ

desert
десерт

ichimliklar
нӯшокиҳои

taom
таъом

butilka
шиша

tez pishar taom — Хӯроки Тез Таёр мешуда

ko'cha taomi — хӯроки кӯчагӣ

choynak — чойник

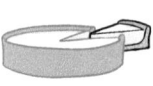

shakardon — шакардон

portsiya — қисм/порча

espresso kofe mashinasi — мошини espresso

bolalar kursichasi — курсии кӯдакона

hisob — ҳисоб

lagan — зарфмонак

pichoq — корд

sanchqi — чангол

qoshiq — қошуқ

choy qoshiq — қошуқча

qo'l sochiq — сачоқи қоғазӣ

stakan — истакон

restoran - тарабхона

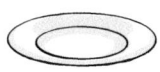
likop
табақча

sho'rva kosa
косача

taqsimcha
тақсимча

qayla
соус

tuzdon
намакдон

qalampir yanchgich
мурчдон

sirka
сирко

yog'
равғани растанӣ

ziravorlar
приправа

ketchup
кетчуп

xantal
хардал

mayonez
майонез

restoran - тарабхона

supermarket

супермаркет

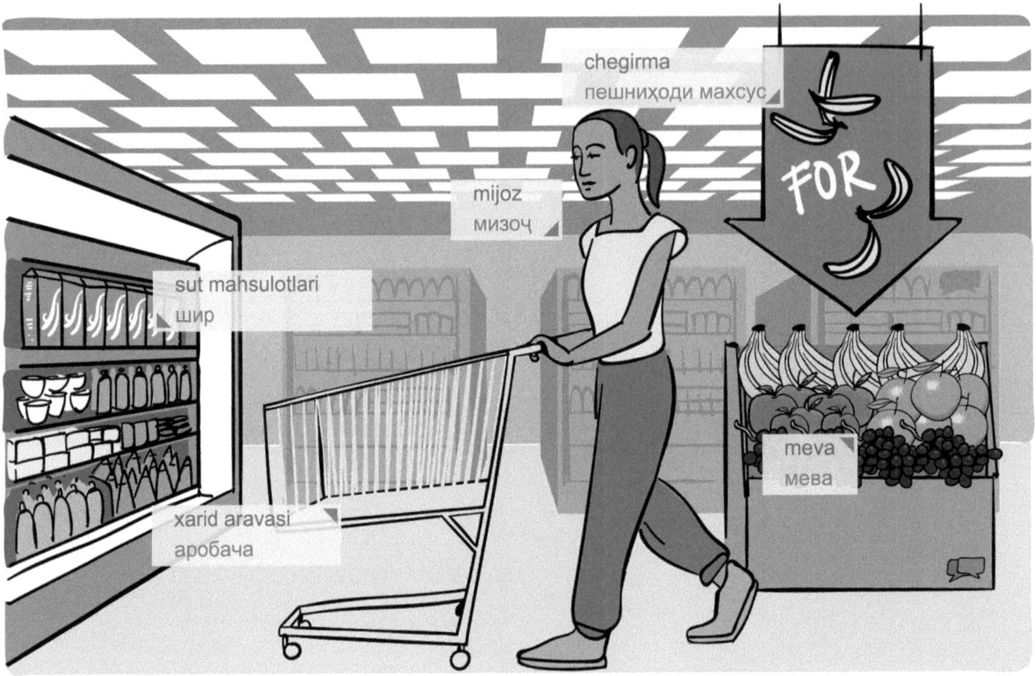

chegirma
пешниҳоди махсус
FOR
mijoz
мизоҷ
sut mahsulotlari
шир
meva
мева
xarid aravasi
аробача

BUTCHERS

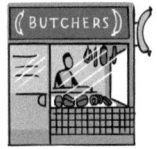

qassobxona

дукони гӯштфурӯшӣ

BAKERY

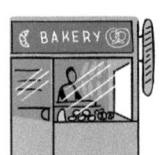

nonvoyxona

дукони нонфурӯшӣ

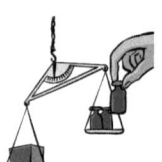

tarozida oʻlchamoq

баркашидан

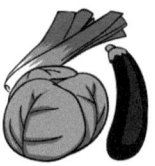

sabzavot

сабзавот

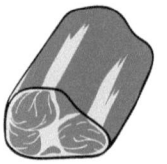

goʻsht

гӯшт

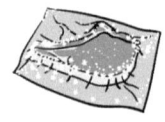

muzlatilgan taomlar

хӯроки яхбаста

yaxna go'sht

тилимҳои борик буридаи гушт

konserva

озуқаворӣ консервонидашуда

kir yuvish vositasi

хокаи либосшӯй

shirinliklar

ширинӣ

kundalik iste'mol taomlari

асбоби рӯзгор

yuvish vositalari

воситаҳои тозакунанда

sotuvchi

фурӯшанда

kassa

касса

kassachi

кассир

xarid ro'yxati

рӯихати харидкунӣ

ish vaqti

соат ифтитоҳи

hamyon

ҳамён

omonat karta

корти кредитӣ

xalta

ҷуздо

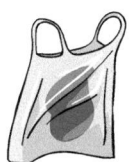

tsellofan xalta

пакет

supermarket - супермаркет

ichimliklar
нӯшокиҳои

suv
об

sharbat
шарбат

sut
шир

koka-kola
кола

vino
шароб

pivo
оби ҷав

spirtli ichimlik
машрубот

kakao
какао

choy
чой

kofe
қаҳва

espresso
эспрессо

kapuchino
каппучино

taom
таъом

banan
банан

olmaxon
себ

apelsin
норанҷӣ

qovun
харбуза

limon
лимӯ

sabzi
сабзӣ

sarimsoq
сир

bambuk
бамбук

piyoz
пиёз

qo'ziqorin
занбӯруғ

yong'oq
чормағз

lag'mon
угро

spagetti

спагеттй

guruch

биринҷ

salat

салат

kartoshka-fri

картошкаи қоқак

qovurilgan kartoshka

картошкабирён

pitstsa

Pizza

gamburger

гамбургер

sendvich

бутербурод

to'qmoqlangan to'sh qiymasi

шнитсел

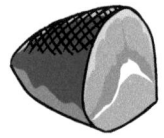

dudlangan cho'chqa go'shti

гӯшти намакардаи хук

salyami kolbasasi

ҳасиби салямӣ

sosiska

ҳасиб

tovuq go'shti

мурғ

qovurilgan

кабоб

baliq

моҳӣ

taom - таъом

suli boʻtqasi
ярмаи ҷав

myusli
омехтаи ғалладонагӣ

makkajoʻxori yormasi
ярмаи ҷуворимакка

un
орд

frantsuz bulochkasi
кулчақанд

bulochka
кулчақанд

non
нон

qizartirilgan non burdasi
як порча нони бирён

pishiriq
кулчачаҳои қандин

sariyogʻ
маска

tvorog
творог

pirog
пирог

tuxum
тухм

qovurilgan tuxum
тухм бирён

pishloq
панир

taom - таъом

muzqaymoq	shakar	asal
яхмос	шакар	асал

murabbo	shokolad pastasi	zarchava
мураббо	хамираи ҳалво	Curry

chorvachilik xoʻjaligi
ферма

dehqon uyi / хонаи деҳот
pichanxona / анборхона
poxol tuguni / тойи коҳ
dala / дашт
ot / асп
tirkama / ядак
qulun / тойча
traktor / трактор
eshak / хар
qoʻzi / баррача
qoʻy / гӯсфанд

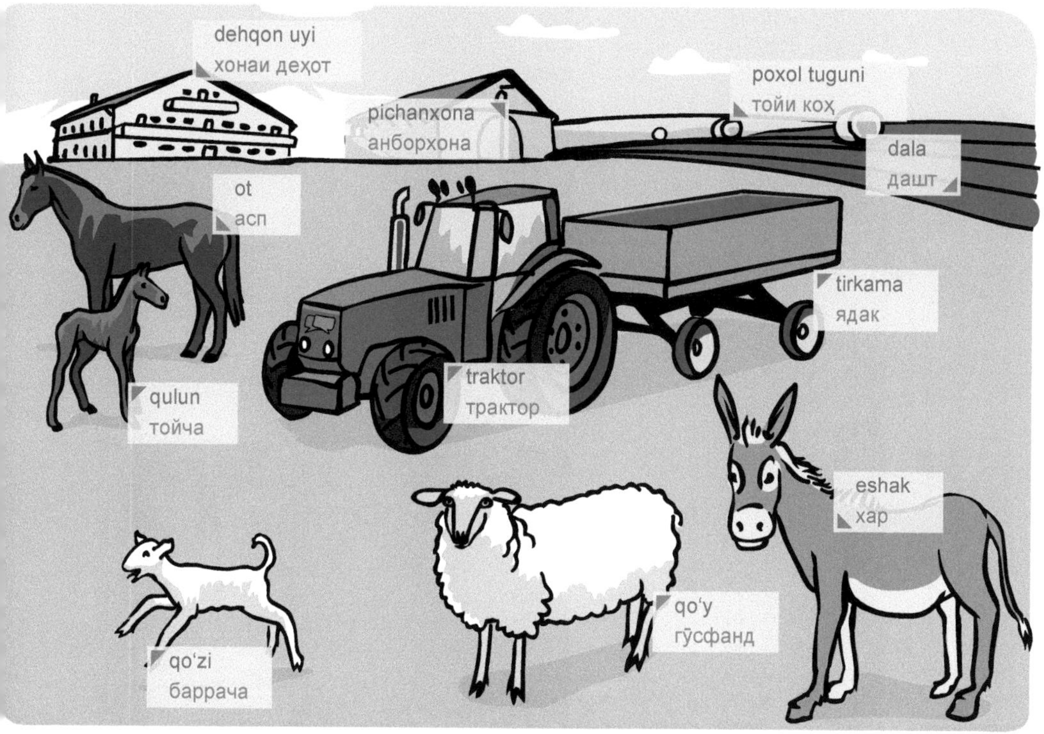

echki
буз

sigir
гов

buzoq
гӯсола

choʻchqa
хук

choʻchqa bolasi
хукча

buqa
буққа

g'oz
қоз

o'rdak
мурғобӣ

jo'ja
чӯҷа

tovuq
мурғ

xo'roz
хурӯс

kalamush
каламуш

mushuk
гурба

sichqon
муш

ho'kiz
барзагов

it
саг

katalak
хоначаи саг

hovli bog' shlangi
рӯдаи резинӣ

gulchelak
камобӣ метавонад

belo'roq
дос

temir omoch
сипори шудгоркунии замин

chorvachilik xo'jaligi - ферма

qo'lo'roq
доси

chopqi
каланд

panshaxa
панҷшоха

bolta
табар

g'altakarava
ароба

oxur
охур

sut bidoni
зарфи ширгирӣ

to'rva
халта

panjara
девор

og'ilxona
мӯътадил

issiqxona
гармхона

tuproq
хок

urug'
тухмӣ

o'g'it
нуриҳо

kombayn
комбайни ғаллағундорӣ

chorvachilik xo'jaligi - ферма

hosil olmoq

ҳосил

yig'im-terim

ҳосил

yams

yams

bug'doy

гандум

soya

лубиж

kartoshka

картошка

makkajo'xori

ҷуворӣ

raps urug'i

донаи маъсар

mevali daraxt

дарахти мева

maniok

manioc

yorma

ғалладона

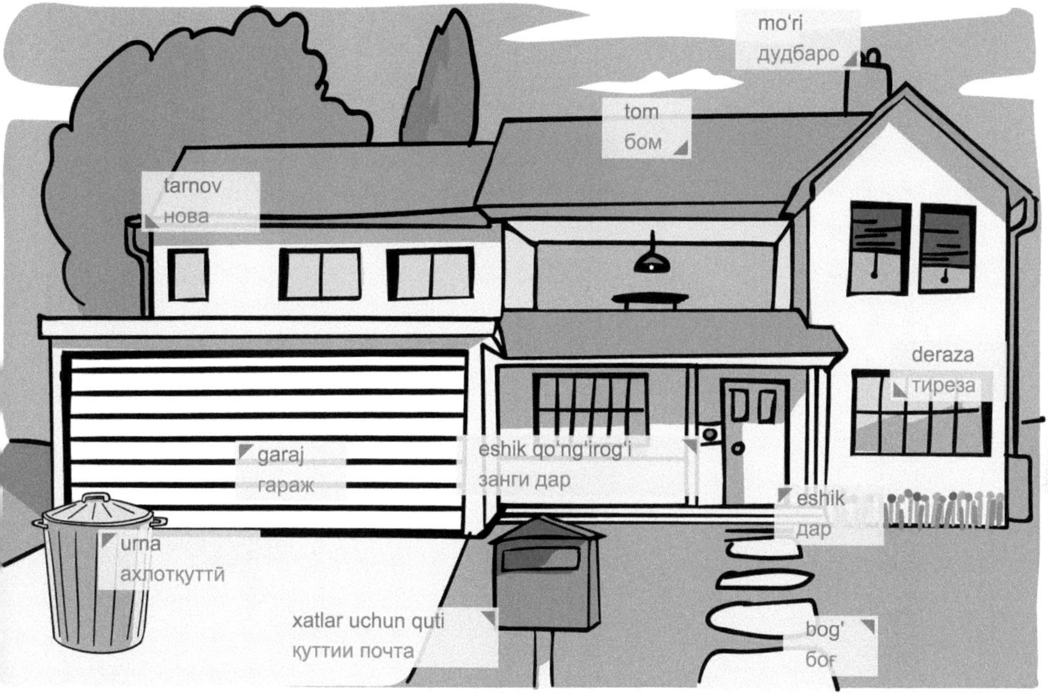

uy
хона

- mo'ri / дудбаро
- tom / бом
- tarnov / нова
- deraza / тиреза
- garaj / гараж
- eshik qo'ng'irog'i / занги дар
- eshik / дар
- urna / ахлоткуттӣ
- xatlar uchun quti / куттии почта
- bog' / боғ

mehmonxona
мехмонхона

vannaxona
ҳамом

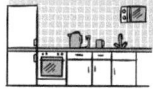

oshxona
ошхона

yotoqxona
хонаи хоб

bolalar xonasi
ҳуҷраи кӯдакона

oshxona
ошхона

uy - хона

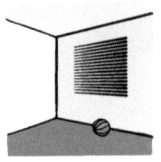
pol
ошёна

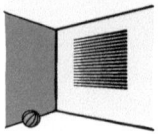
devor
девор

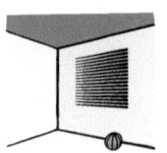
ship
шифт

podval
тагзаминӣ

sauna
сауна

balkon
балкон

ayvon
суфача

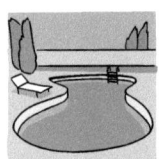
basseyn
ҳавз

o't o'rgich mashina
мошини алафдарав

ko'rpajild
варақ

choyshab
кампал

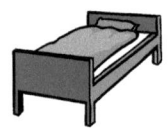
krovat
кат

supurgi
ҷорӯб

paqir
сатил

murvat
калид

mehmonxona
мехмонхона

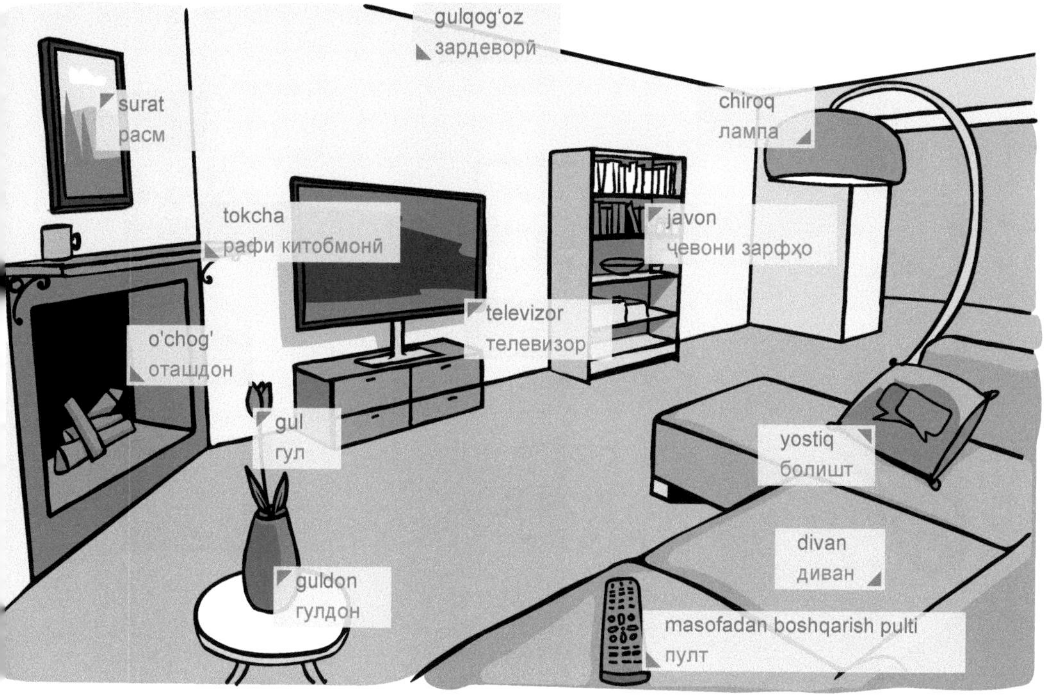

Labels in illustration:
- gulqog'oz / зардеворӣ
- surat / расм
- chiroq / лампа
- tokcha / рафи китобмонӣ
- javon / ҷевони зарфҳо
- o'chog' / оташдон
- televizor / телевизор
- gul / гул
- yostiq / болишт
- guldon / гулдон
- divan / диван
- masofadan boshqarish pulti / пулт

gilam
қолин

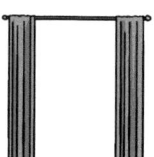

parda
парда

stol
мизи

stul
курсӣ

tebranma kursi
rocking кафедраи

kreslo
курсӣ

kitob
китоб

ko'rpa
курпа

hasham
ороиш

o'tin
ҳезум

kino
филм

stereo qurilma
дастгоҳи hi-fi

kalit
калид

gazeta
рӯзнома

rasm
расм

plakat
эълон

radio
радио

yon daftar
китобчаи қайдҳо

chang yutgich
чангкашак

kaktus
кактус

sham
шам

mehmonxona - меҳмонхона

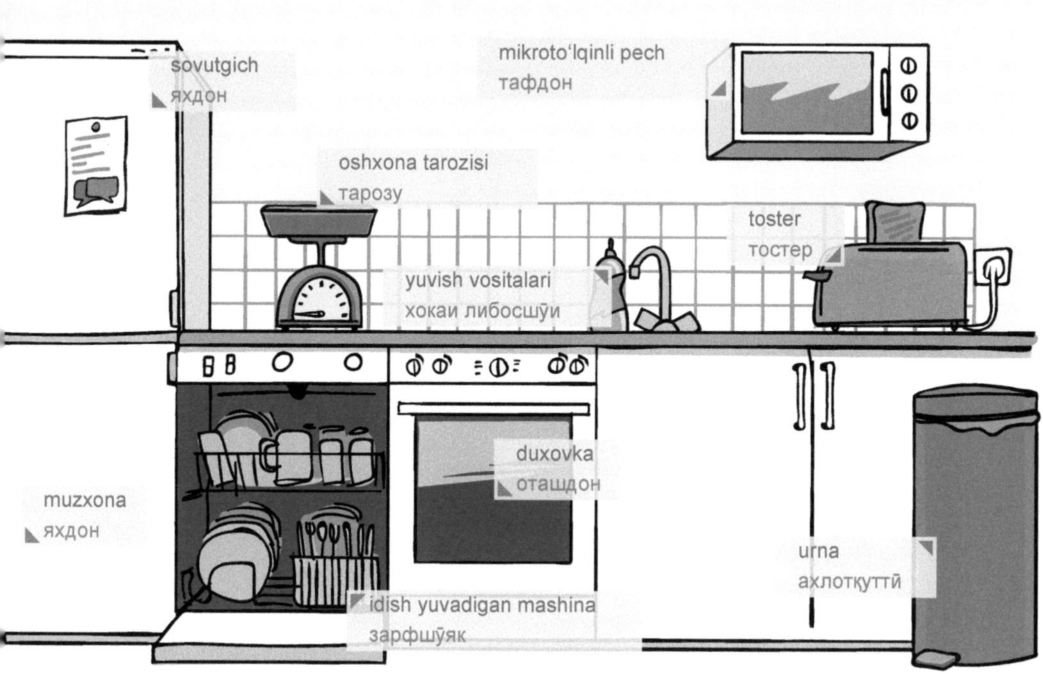

oshxona
ошхона

- sovutgich / яхдон
- mikroto'lqinli pech / тафдон
- oshxona tarozisi / тарозу
- toster / тостер
- yuvish vositalari / хокаи либосшӯи
- muzxona / яхдон
- duxovka / оташдон
- urna / ахлоткуттӣ
- idish yuvadigan mashina / зарфшӯяк

plita
плита

kastryul
тубак

cho'yan qozon
дег

bo'rtma tubli tova
дег / кадй

tova
тоба

chovgun
чойник

oshxona - ошхона

mantiqasqon

steamer

tunuka tova

лист

chinni idish

зарф

krushka

кружка

kosa

коса

taom yeyish tayoqchalari

чубаки хурокхӯрӣ

cho'mich

кафлези

kurakcha

кафлези ҳамвор

ko'pirtirgich

whisk

chovli

strainer

elak

элак

qirg'ich

турбтарошак

hovoncha

миномет

gril

Кабоб Кардан

olov

оташ кушод

oshxona - ошхона

oshtaxta

тахтаи резакунӣ

juva

чӯба

parmasimon tiqin ochgich

пӯккашак

konserva

банка

konserva ochgich

консервокушояк

tutgich

дастак

unitaz

дастшӯяк

idish cho'tka

чӯтка

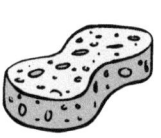

qozonsochiq

исфанч

qorishtirgich

блендер

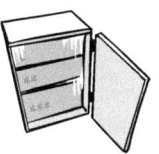

muzlatgich

сармодон

so'rg'ichli chaqaloq butilkasi

шишача

kran

чумак

oshxona - ошхона

vannaxona
ҳамом

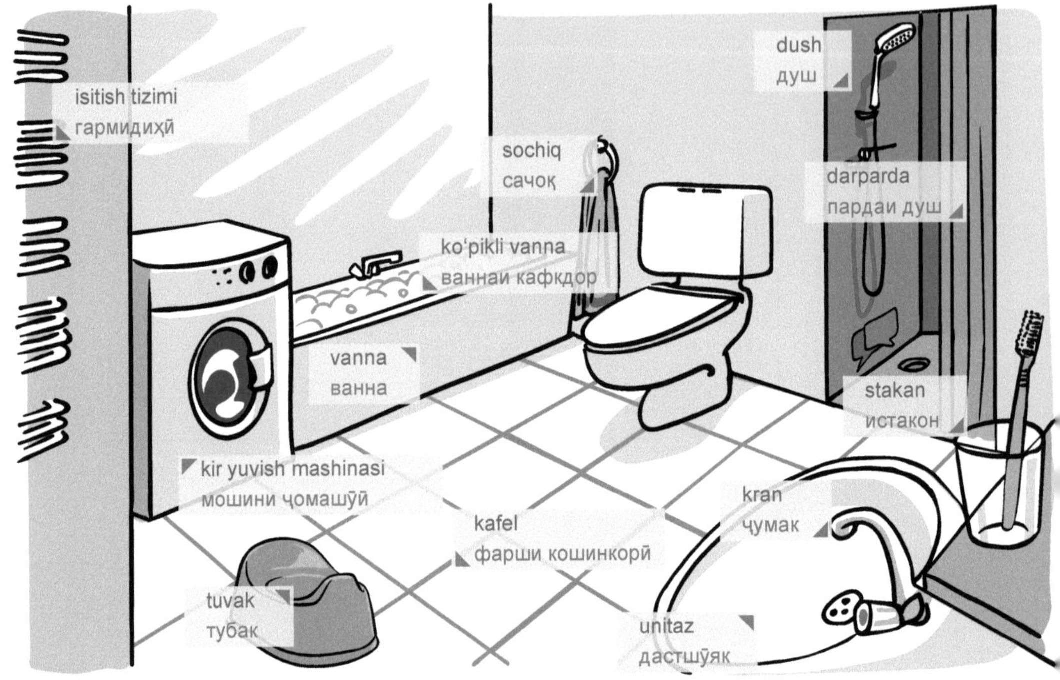

- isitish tizimi — гармидиҳӣ
- dush — душ
- sochiq — сачоқ
- darparda — пардаи душ
- ko'pikli vanna — ваннаи кафкдор
- vanna — ванна
- stakan — истакон
- kir yuvish mashinasi — мошини ҷомашӯй
- kran — ҷумак
- kafel — фарши кошинкорӣ
- tuvak — тубак
- unitaz — дастшӯяк

hojatxona

ҳоҷатхона

polga o'rnatiladigan unitaz

нишастгоҳи халоҷои рӯйфаршӣ

tahoratdon

биде

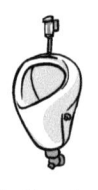

siydik unitazi

ҳоҷатхонаи мардона

hojatxona qog'ozi

коғази ташноб

hojatxona cho'tkasi

чӯткаи ҳоҷатхона

tish cho'tka
дандоншӯяк

tish pastasi
хамираи дандоншӯи

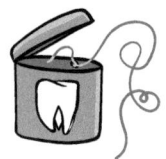

tish tozalagich ip
риштаи дандонтозакунӣ

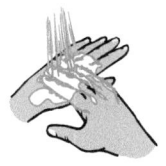

yuvmoq
шӯстан

dastakli dush
души дастӣ

tahorat uchun dush
обшӯй

tog'ora
ҳавза

yelka qashlaydigan cho'tka
шона кардани мӯй

sovun
собун

dush uchun gel
гел барои душ

shampun
шампун

mochalka
бумазӣ

quvur
заҳкаш

krem
крем

dezodorant
дезодорант

vannaxona - ҳамом

ku'zgu
оина

qo'l ku'zgusi
оинаи дастӣ

ustara
риштарошаки барқи

ustara uchun ko'pik
кафк барои риштароши

salqinlantiruvchi balzam
оби мушкини баъди риштароши

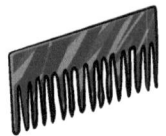

taroq
шона

cho'tka
чӯтка

fen
мӯйхушкунак

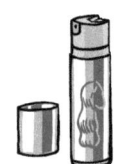

soch uchun lak
лак барои мӯй

pardoz-andoz
косметика

lab uchun pomada
лабсурхкунак

tirnoq laki
лок барои нохун

paxta
пахта

tirnoq qaychisi
қайчии нохунгирӣ

atir
атриёт

vannaxona - ҳамом

pardoz-andoz xaltasi

ҷузвдони косметикӣ

kursi

қазои ҳоҷат

tarozi

тарозу

cho'milish xalati

хилъат

rezina qo'lqop

дастпӯшак резина

tampon

тампон

gigiyenik taglik

дастмоли санитарӣ

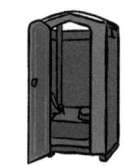

biohojatxona

био-ҳоҷатхона

bolalar xonasi

ҳуҷраи кӯдакона

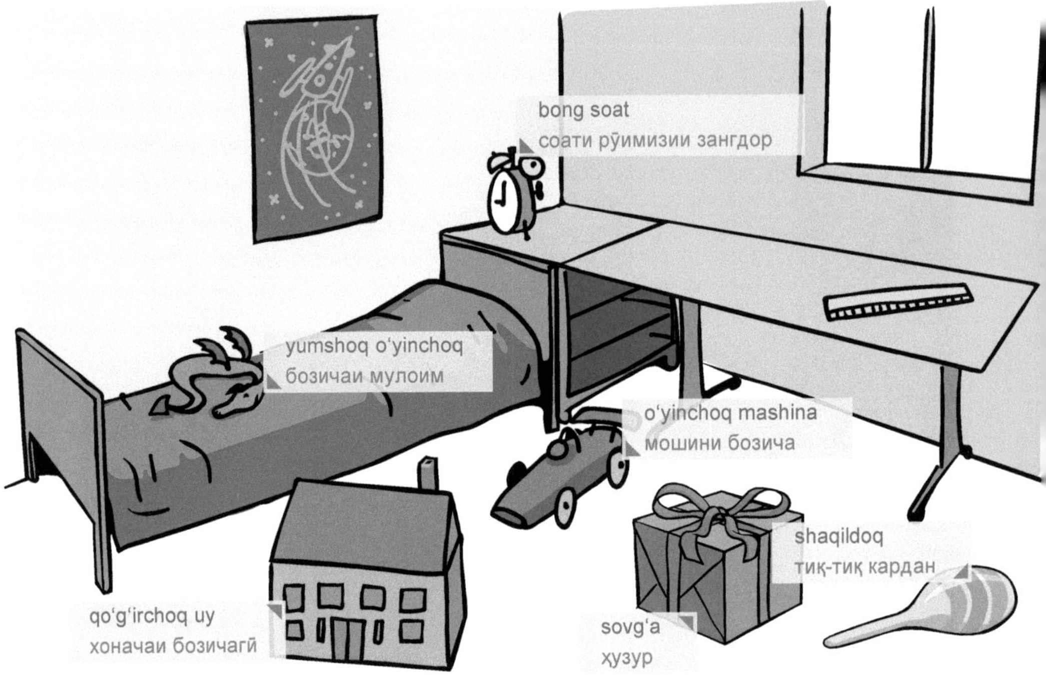
bong soat
соати рӯимизии зангдор
yumshoq oʻyinchoq
бозичаи мулоим
oʻyinchoq mashina
мошини бозича
shaqildoq
тиқ-тиқ кардан
qoʻgʻirchoq uy
хоначаи бозичагӣ
sovgʻa
ҳузур

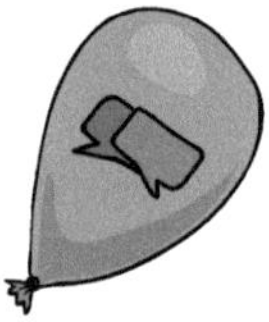

shar

пуфак

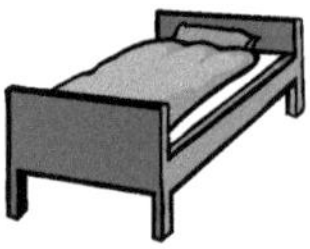

krovat

кат

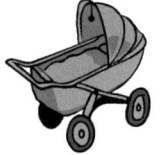

bolalar aravachasi

аробочаи кудакона

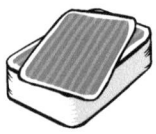

karta toʻplami

маҷмӯи кортҳо

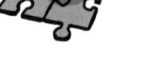

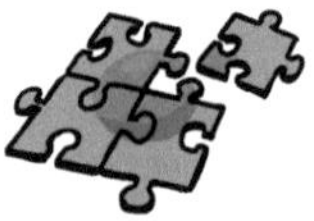

terma tasvir

бозии муамоёбӣ

SUPER
MEGA

kulgili sahna asari

комикс

lego g'ishtlari

хиштҳои лего

o'yinchoq kubiklar

мағозаи бозичафурӯхтан

o'yinchoq qahramon

рақам амал

polzunka

либоси ғаваккашӣ

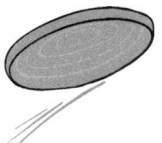

uchar likopcha

фрисби

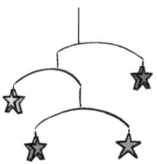

osma shaqildoq

мобилӣ

stol o'yini

лавҳачаи бозӣ

oshiq

кубик

poyezd maketi

маҷмӯи модели қатора

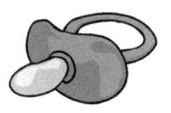

so'rg'ich

пистонак

o'tirish

ҳизб

rasmli kitob

китоби расм

koptok

тӯб

qo'g'irchoq

лӯхтак

o'ynamoq

бози кардан

bolalar xonasi - ҳуҷраи кӯдакона

qumdon
қуттии рег

argʻimchoq
арғунчак

oʻyinchoqlar
бозича

oʻyin pristavkasi
консоли бозиҳои видеой

uch gʻildirakli velosiped
велосипеди сечарха

baxmal ayiq
хирсаки бахмалии патдор

kiyim shkafi
чевон

kiyim
либос

paypoq
чуроб

chulki
чуроби соқбаланд

kolgotka
колготки

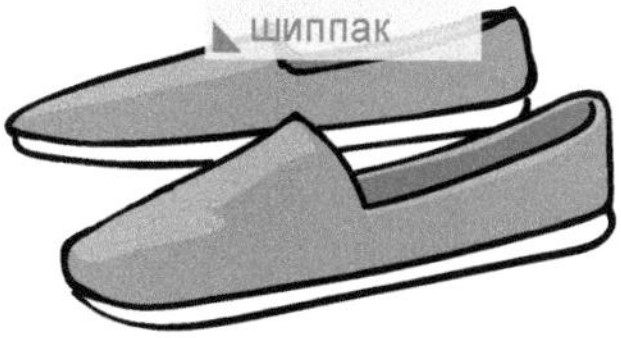

sharf
гарданпеч

soyabon
чатр

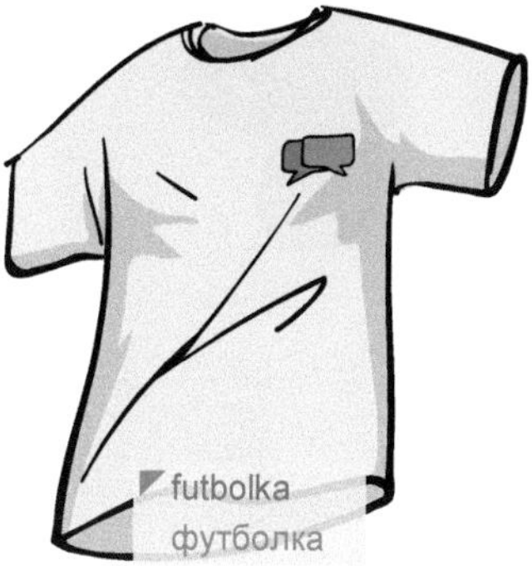

futbolka
футболка

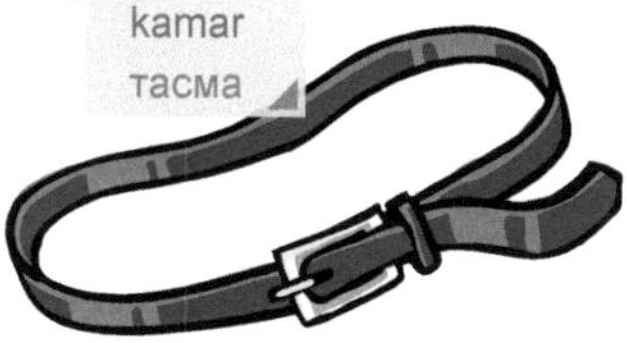

kamar
тасма

botinka
пойафзол

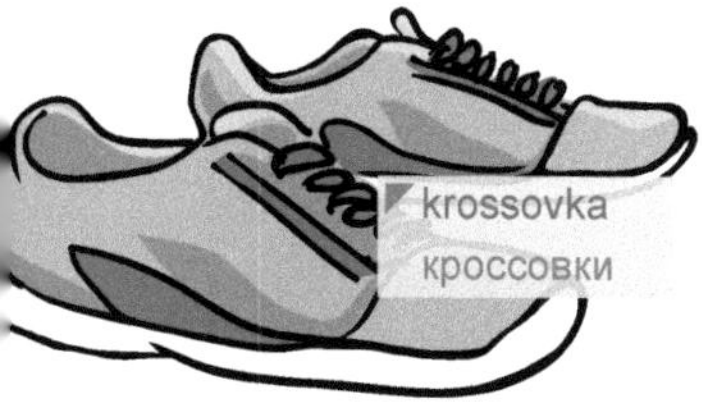

tapochka
шиппак

krossovka
кроссовки

shippak

босоножкӣ

tufli

пойафзол

rezina etik

музаи резинӣ

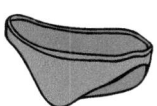

tor tursik

турсӣ

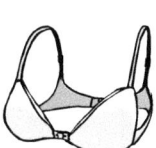

ko'krakpech

синабанд

mayka

майка

kiyim - либос

bodi
бадан

ishton
шим

jinsi
ҷинс

yubka
юбка

kofta
куртаи нимтаи занона

koʻylak
курта

jemper
свитер

uzun chakmon
свитер

sport bichimidagi pidjak
пиҷак

kurtka
нимтана

palto
палто

plash
плаш

libos
костюм

koʻylak
куртаи занона

kelin koʻylak
либос тӯйи

kiyim - либос

kostyum shim
костюм

tungi ko'ylak
куртаи хоб

pijama
пижама

sari
Сари

sholro'mol
рӯймол

salla
салла

paranji
ниқобу

chakmon
кафтан

abaya
абая

cho'milish kostyumi
либоси обозӣ

tursik
эзорчаи шиноварии мардона

shortik
шорти

sport kostyumi
либоси варзишӣ

fartuk
пешбанд

qo'lqop
дастпӯшак

kiyim - либос

tugma

тугма

ko'zoynak

айнак

bilaguzuk

дастпона

munchoq

гарданбанд

uzuk

ангуштарин

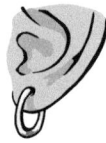

sirg'a

гӯшвора

kepka

кулоҳ

palto ilgak

либосовезак

shlyapa

кулоҳ

bo'yinbog'

галстук

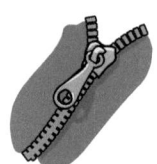

zamok

занҷирак

dubulg'a

тоскулоҳ

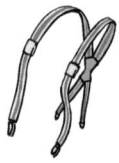

shim tortgich

шимбардор

maktab formasi

либоси мактабӣ

forma

либоси

oshxoʻrak
пешгир

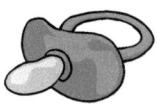
soʻrgʻich
пистонак

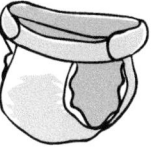
taglik
подгузник

idora
идора

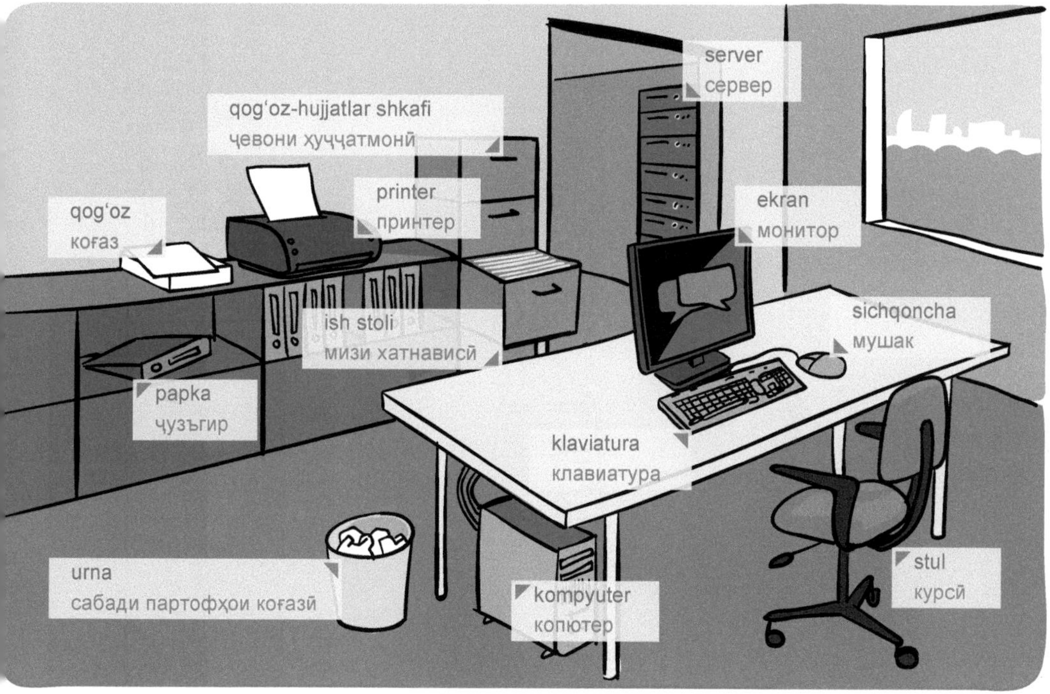

- qogʻoz-hujjatlar shkafi — ҷевони ҳуҷҷатмонӣ
- server — сервер
- qogʻoz — коғаз
- printer — принтер
- ekran — монитор
- ish stoli — мизи хатнависӣ
- sichqoncha — мушак
- papka — ҷузъгир
- klaviatura — клавиатура
- urna — сабади партофҳои коғазӣ
- kompyuter —컴пютер
- stul — курсӣ

kofe krujkasi
кружкаи қаҳванӯшӣ

kalkulyator
калкулятор

internet
интернет

idora - идора

noutbuk

ноутбук

xat

мактуб

maktub

хабар

uyali telefon

телефони мобилӣ

tarmoq

шабака

nusxa ko'chirgich

нусхабардор

dastur

нармафзор

telefon

телефон

rozetka

розетка

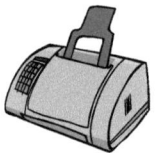

faks

факс

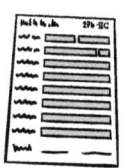

shakllar

шакл

hujjat

ҳуҷҷат

idora - идора

iqtisod
иқтисодиёт

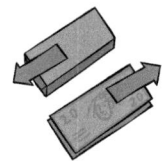
xarid qilmoq
харидан

to'lamoq
пардохт

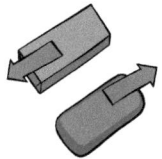
savdolashmoq
савдо

pul
пул

dollar
доллар

yevro
евро

yyen
йен

rubl
рубл

shvetsar franki
франки швейцариягӣ

Jenminbi xitoy yuani
юан

rupi
рупӣ

bankomat
нуқтаи нақд

pul ayirboshlash shahobchasi

нуқтаи мубодилаи асъор

oltin

тилло

kumush

нуқра

neft

равғани растанӣ

energiya

энерги

narx

нарх

shartnoma

шартнома

soliq

андоз

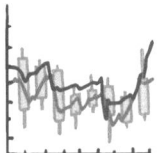

aktsiya

саҳмия

ishlamoq

кор

ishchi

хизматчӣ

ish beruvchi

соҳибкор

zavod

завод

do'kon

сехи

iqtisod - иқтисодиёт

kasblar
касбҳо

politsiyachi
команди полис

o't o'chiruvchi
сӯхторхомушкун

oshpaz
ошпаз

shifokor
духтур

uchuvchi
халабон

bog'bon
боғбон

duradgor
чӯбтарош

tikuvchi
дӯзанда

hakam
судя

kimyogar
кимиёшинос

aktyor
актер

kasblar - касбҳо

avtobus haydovchi | taksi haydovchisi | baliq ovlovchi
ронандаи автобус | таксист | моҳигир

farrosh | tom ustasi | ofitsiant
фаррошзан | устои бомпӯш | пешхизмат

ovchi | boʻyoqchi | nonvoyxona
шикорчӣ | расом | нонвой

elektr ustasi | quruvchi | muhandis
барқ | сохтмончӣ | инженер

qassob | suvchi chilangar | pochtachi
қассоб | устои шабакаи об | хаткашон

kasblar - касбҳо

askar

сарбоз

me'mor

меъмор

kassachi

кассир

gulchi

гулфурӯш

sartarosh

сартарош

chiptachi

кондуктор

mexanik

механик

kapitan

капатан

tish shifokori

духтури дандон

olim

олим

yaxudiylar ruhoniysi

хохом

imom

имом

rohib

шайх

ruhiniy

саркоҳин

kasblar - касбҳо

asboblar
асбобҳо

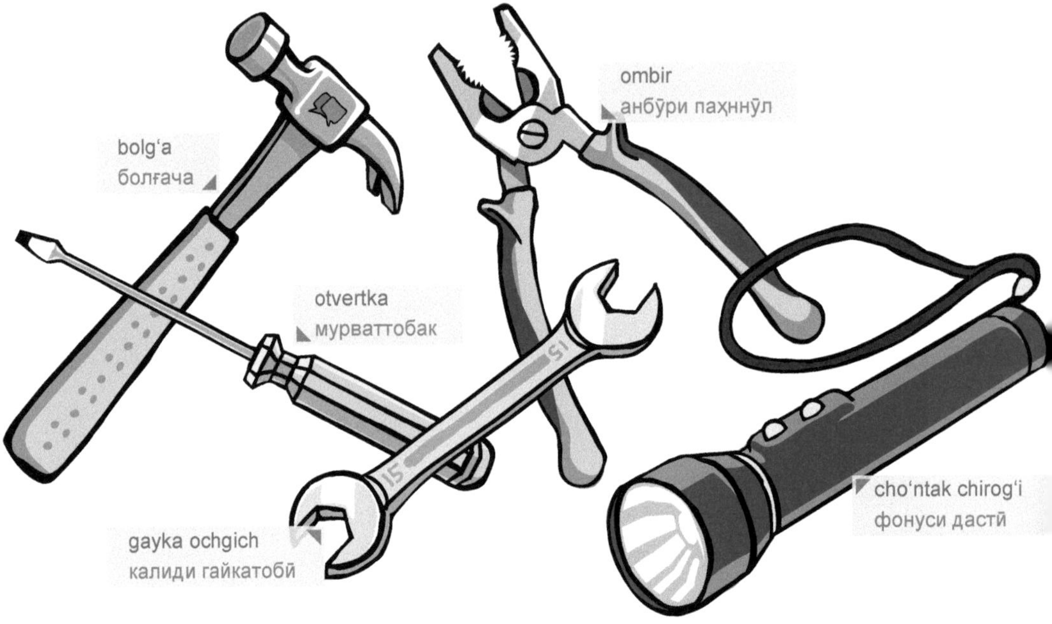

bolg'a
болғача

ombir
анбӯри паҳннӯл

otvertka
мурваттобак

cho'ntak chirog'i
фонуси дастӣ

gayka ochgich
калиди гайкатобӣ

ekskavator
экскаватор

asboblar qutisi
қутии асбобҳо

narvon
зинапоя

qo'larra
арра

mix
мехҳо

parmadasta
пармаи электрикӣ

tuzatmoq
таъмир

belkurak
бел

Jin ursin!
Сабил монад!

xokandoz
белчаи хокрӯбагирӣ

bo'yoq idish
сатили ранг

burama mix
мехи печдор

musiqa asboblari
асбобҳои мусиқӣ

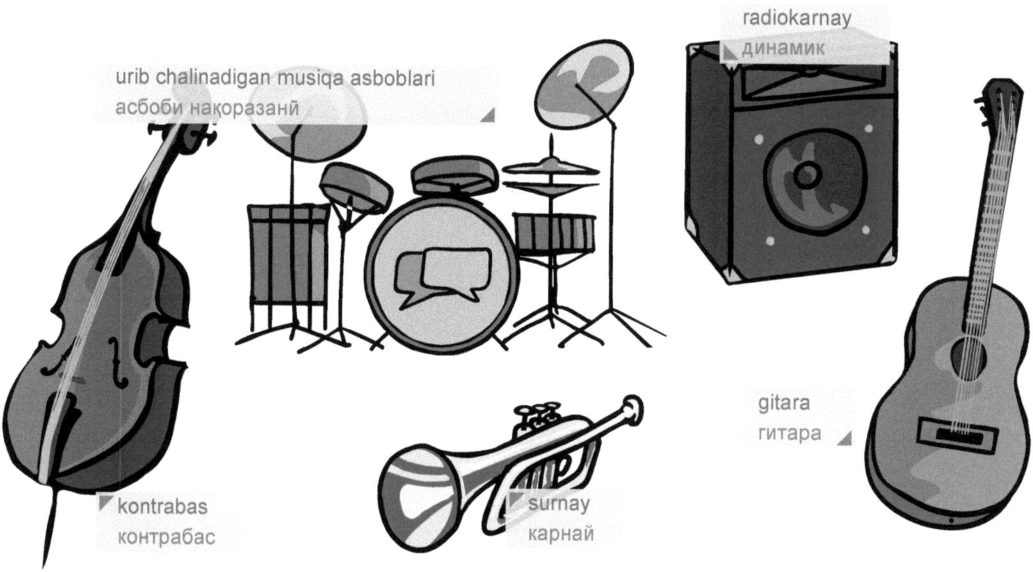

urib chalinadigan musiqa asboblari
асбоби нақоразанӣ

radiokarnay
динамик

gitara
гитара

kontrabas
контрабас

surnay
карнай

pianino
пианино

g'ijjak
ғиччак

bas-gitara
бас-гитара

qo'shnog'ora
нақораи поядор

do'mbira
нақора

klaviatura
клавиатура

saksofon
саксофон

nay
най

mikrofon
баландгӯяд

musiqa asboblari - асбобҳои мусиқӣ

hayvonot bogʻi
боғи ҳайвонот

arslon / паланг
qafas / қафас
zebra / гўрхар
yem / хўроки чорво
kirish / даромад
panda / панда

hayvonlar
ҳайвонот

fil
фил

kenguru
кенгуру

karkidon
каркадан

gorilla
горилла

ayiq
хирси бўр

tuya

шутур

tuyaqush

шутурмурғ

sher

шер

maymun

маймун

qizil g'oz

бутимор

to'ti

тўти

oq ayiq

хирси сафед

pingvin

пингвин

akula

наҳанг

tovus

товус

ilon

мор

timsoh

тимсоҳ

hayvonot bog'i qorovuli

посбон

tyulen

сил

yaguar

ягуар

to'pichoq ot

аспи кӯтоҳқад

qoplon

леопард

begemot

баҳмут

jirafa

заррофа

burgut

уқоб

erkak cho'chqa

хуки ваҳшӣ

baliq

моҳӣ

toshbaqa

сангпушт

morj

морж

tulki

рӯбоҳ

ohu

ғизол/оҳу

hayvonot bog'i - боғи ҳайвонот

sport o'yinlari
варзиш

mashg'ulot
фаъолият

- sakramoq — паридан
- kulmoq — ханда
- quchmoq — оғӯш гирифтан
- yurmoq — пиёда рафтан
- kuylamoq — шеър хондан
- hayol qilmoq — орзӯ кардан
- ibodat qilmoq — ибодат кардан
- o'pmoq — бӯса кардан

yozmoq
навиштан

chizmoq
кашидан

ko'rsatmoq
нишон додан

itarmoq
тела додан

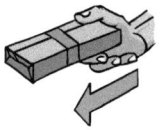

bermoq
додан

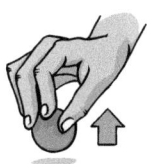

olmoq
гирифтан

ega bo'lmoq
доранд

bajarmoq
кор

bo'lmoq
бошад

turmoq
истодан

yugurmoq
давидан

tortmoq
кашидан

uloqtirmoq
партофтан

yiqilmoq
афтидан

aldamoq
дароз кашидан

kutmoq
интизор шудан

tashimoq
бардошта бурдан

o'tirmoq
нишастан

kiyinmoq
либос пӯшидан

uxlamoq
хобин

uyg'onmoq
бедор шудан

qaramoq

нигоҳ кардан

yig'lamoq

гиря кардан

zarba bermoq

сила кардан

taramoq

шона

gaplashmoq

гап задан

tushunmoq

фаҳмидан

so'ramoq

пурсидан

tinglamoq

гӯш кардан

ichmoq

нӯштдан

yemoq

хӯрдан

yig'ishtirmoq

ғундоштан

sevmoq

ишқ

pishirmoq

ошпаз

haydamoq

рондан

uchmoq

парвоз кардан

mashg'ulot - фаъолият

kemada suzmoq

бо бодбон ҳаракат кардан

sanamoq

ҳисоб кардан

o'qimoq

хондан

o'rganmoq

омӯхтан

ishlamoq

кор

turmush qurmoq

оиладор шудан

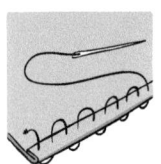

tikmoq

дӯхтан

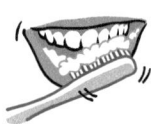

tish yuvmoq

дадон шӯстан

o'ldirmoq

куштан

chekmoq

дуд

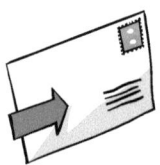

yo'llamoq

фиристодан

oila
оила

buvi
биби

buva
бобо

ota
падар

ona
модар

chaqaloq
кӯдак

qiz
хоҳар

o'g'il
писар

mehmon

меҳмон

amma

хола

tog'a

амак

aka

бародар

opa

хоҳар

oila - оила

tana
бадан

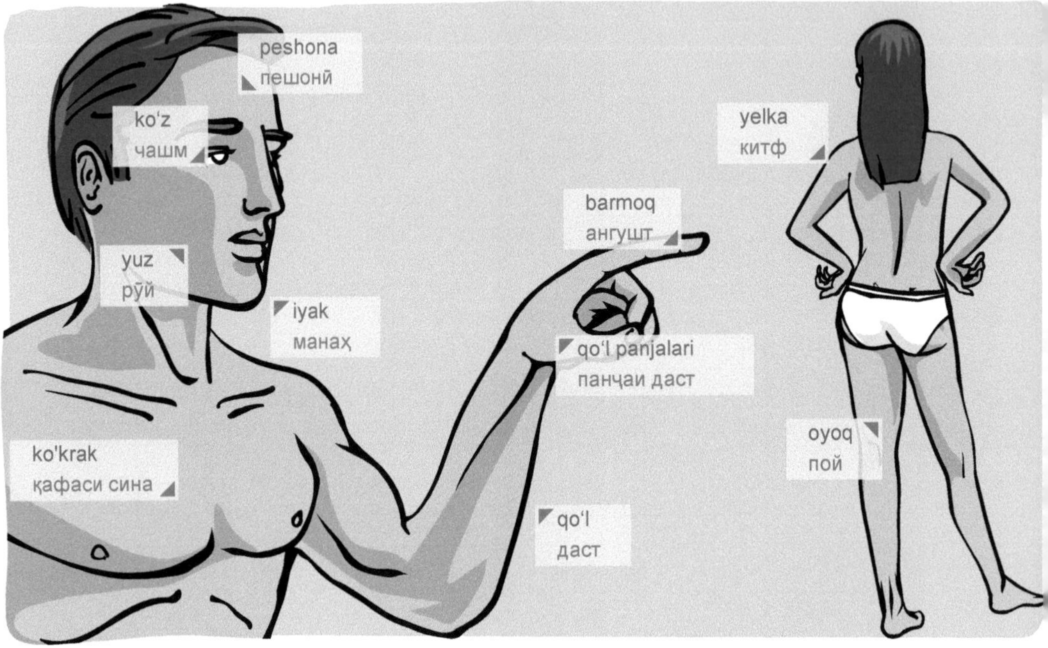

peshona — пешонӣ
ko'z — чашм
yuz — рӯй
iyak — манаҳ
ko'krak — қафаси сина
barmoq — ангушт
qo'l panjalari — панҷаи даст
qo'l — даст
yelka — китф
oyoq — пой

chaqaloq

кӯдак

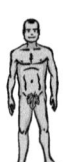

odam

мард

ayol

зан

qiz bola

духтар

o'g'il bola

писар

bosh

сар

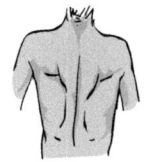

orqa
пушт

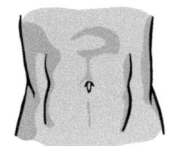

qorin
шикам

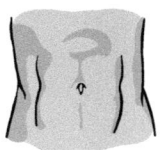

kindik
ноф

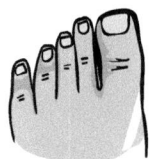

oyoq barmoqlari
ангушти пой

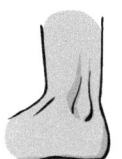

tovon
пошнаи пой

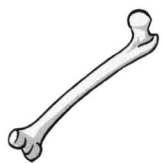

suyak
устухон

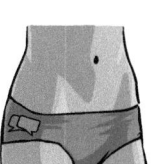

bel
рон

tizza
зону

tirsak
оринҷ

burun
бинӣ

dumba
таг

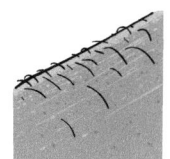

teri
пӯст

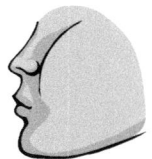

yanoq
рухсора

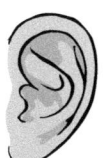

quloq
гӯш

lab
лаб

tana - бадан

og'iz

даҳон

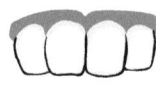

tish

дадон

til

забон

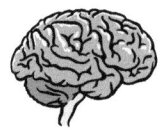

miya

майнаи сар

yurak

дил

mushak

мушак

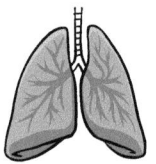

o'pka

шуш

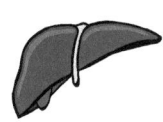

jigar

ҷигар

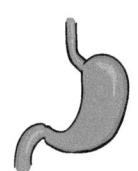

oshqozon

меъда

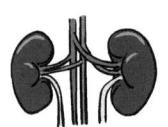

buyrak

гурдаҳо

jinsiy aloqa

алоқаи ҷинсӣ

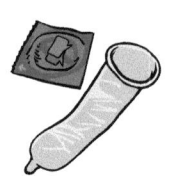

prezervativ

рифола

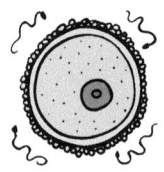

tuxum ho'jayra

тухмҳуҷайра

urug'

нутфа

homiladorlik

ҳомиладорӣ

tana - бадан

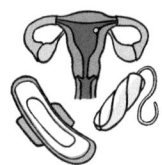
hayz
ҳайз

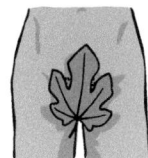
bachadon
маҳбал

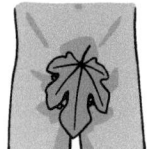
olat
кер

qosh
абрӯ

soch
мӯй

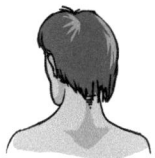
bo'yin
гардан

tana - бадан

shifoxona
бемористон

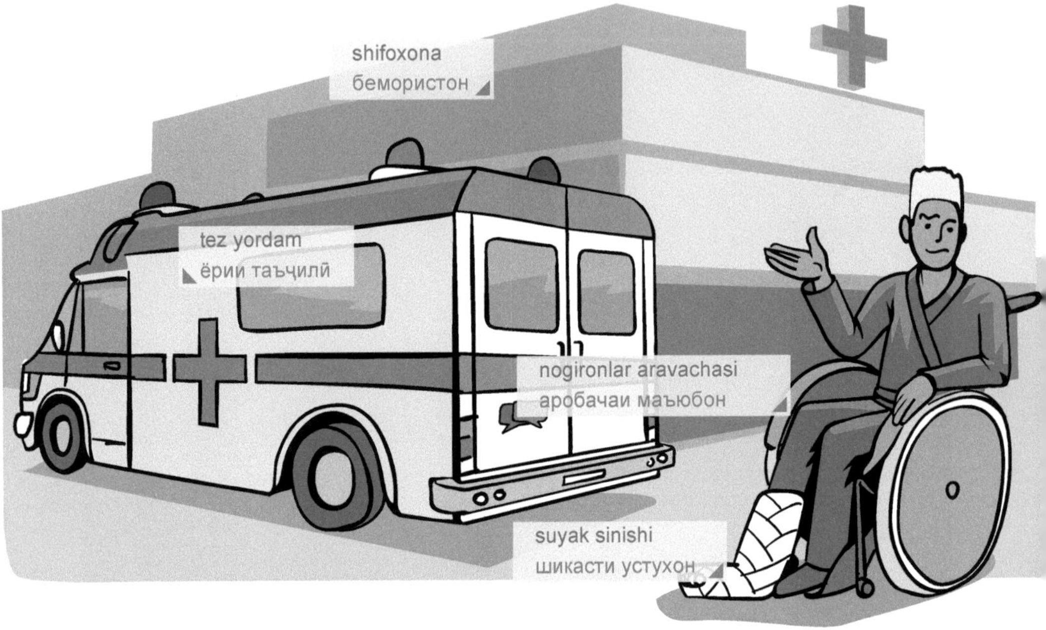

shifoxona
бемористон

tez yordam
ёрии таъҷилӣ

nogironlar aravachasi
аробачаи маъюбон

suyak sinishi
шикасти устухон

shifokor

духтур

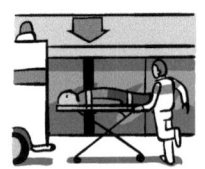

Shoshilich tibbiy yordam
ko'rsatish bo'limi

ҳуҷраи ёрии фаврӣ

hamshira

ҳамшираи тиббӣ

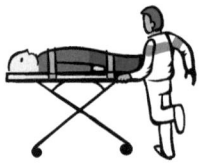

tez yordam

ҳолати фавқулодда

hushsizlik

беҳуш

og'riq

дард

jarohat

ҷароҳат

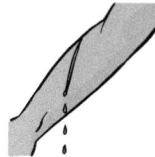

qonash

хунравӣ

yurak xuruji

дилзанак

insuƖt

сактаи майна

allergiya

аллергия

yo'tal

сулфа

isitma

табларза

tumov

грипп

ichburug'

шикамравӣ

bosh og'rig'i

сардард

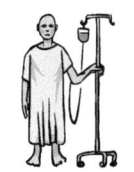

saraton kasalligi

саратон

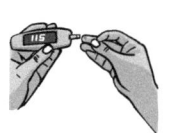

qandli diabet

диабет

jarroh

ҷарроҳ

jarroh pichog'i

скалпел

jarrohlik amaliyoti

ҷарроҳӣ

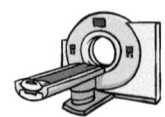	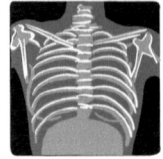	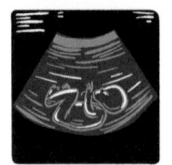
tomografiya	rentgen	ultratovush tekshiruvi
Томографияи компютерӣ	шӯъои ренгенӣ	ултрасадо

yuz niqobi	kasallik	qabulxona
ниқоби рӯй	беморӣ	ҳуҷраи интизорӣ
	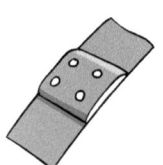	
qo'ltiqtayoq	malhamli plastir	bint
асобағал	марҳам	дока
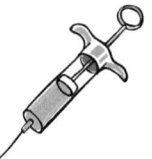	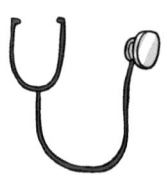	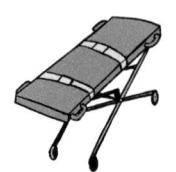
ukol	yurak urushini va o'pkani eshitib ko'radigan asbob	bemorlar uchun zambil
сӯзандору	стетоскоп	занбар

termometr	tug'ruq	semizlik
ҳароратсанҷ	таваллуд	вазни зиёдатӣ

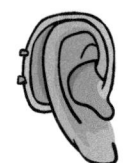

eshitish moslamasi

таҷҳизоти шунавой

dezinfektsiyalovchi vosita

моддаи безараргардонӣ

infektsiya

инфексия

virus

вирус

OIV / OITS

ВИЧ / СПИД

dori

дору

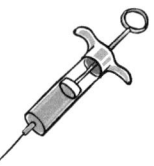

emlash

ваксинатсия

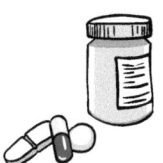

tabletka

ҳабҳо

dori

ҳаб

tez yordam qoʻngʻirogʻi

занги изтирорӣ

qon bosimini oʻlchash asbobi

монитори фишори хун

kasal / sogʻlom

бемор/солим

shifoxona - бемористон

tez yordam
ҳолати фавқулодда

Yordamga!
Кумак!

xavf-xatar ishorasi
ҳушдор

tajovuz
ҳучум

hujum
ҳамла

xavf
хатар

favqulodda holatlarda chiqish eshigi
баромадгоҳи таҳлиявӣ

Yong'in
Сӯхтор!

o't o'chirgich
оташнишон

falokat
садама

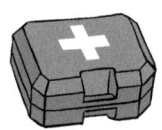

birinchi tibbiy yordam to'plami
дорукуттӣ

falokat signali
бонги хатар

politsiya
полис

yer
замин

Yevropa
Аврупо

Shimoliy Amerika
Америкаи Шимолӣ

Janubiy Amerika
Америкаи Ҷанубӣ

Afrika
Африка

Osiyo
Осиё

Avstraliya
Австралия

Anlantika okeani
Уқёнуси Атлантик

Tinch okeani
Уқёнуси Ором

Hind okeani
Уқёнуси Ҳинд

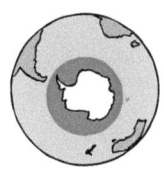
Antarktida okeani
Уқёнуси Антарктика

Arktika okeani
Уқёнуси Арктика

Shimoliy qutb
Қутби шимол

Janubiy qutb
Қутби ҷануб

Antarktika
Антарктика

yer
замин

o'lka
замин

dengiz
баҳр

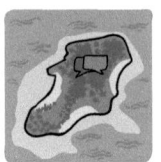
orol
ҷазира

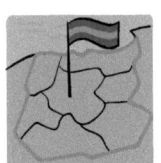
millat
миллат

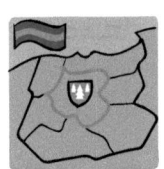
davlat
давлат

soat
вақт

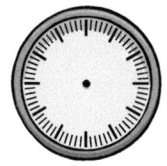

astronomik vaqt ko'rsatgichi

сиферблат

soat mili

ақрабаки соат

daqiqa mili

ақрабаки дақиқашумор

lahza mili

ақрабаки сонияшумор

Soat necha?

Соат чанд?

kun

рӯз

vaqt

замон

hozir

ҳозир

raqamli soat

соати электронӣ

daqiqa

лаҳза

soat

соат

xafta
ҳафта

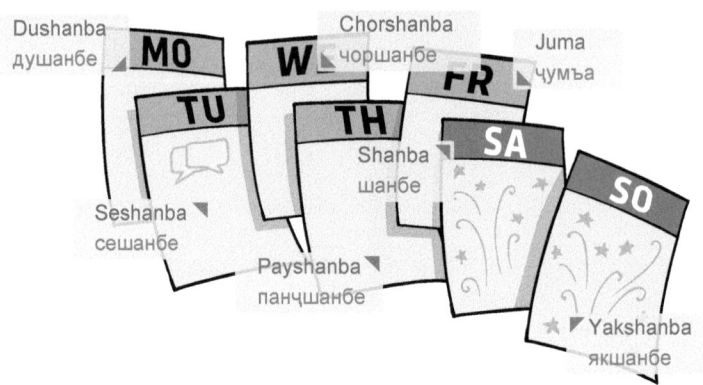

kecha
дирӯз

bugun
имрӯз

ertaga
фардо

ertalab
пагоҳирӯзӣ

peshin
нимрӯз

kechqurun
шом

ish kunlari
рӯзҳои корӣ

dam olish kunlari
истироҳат

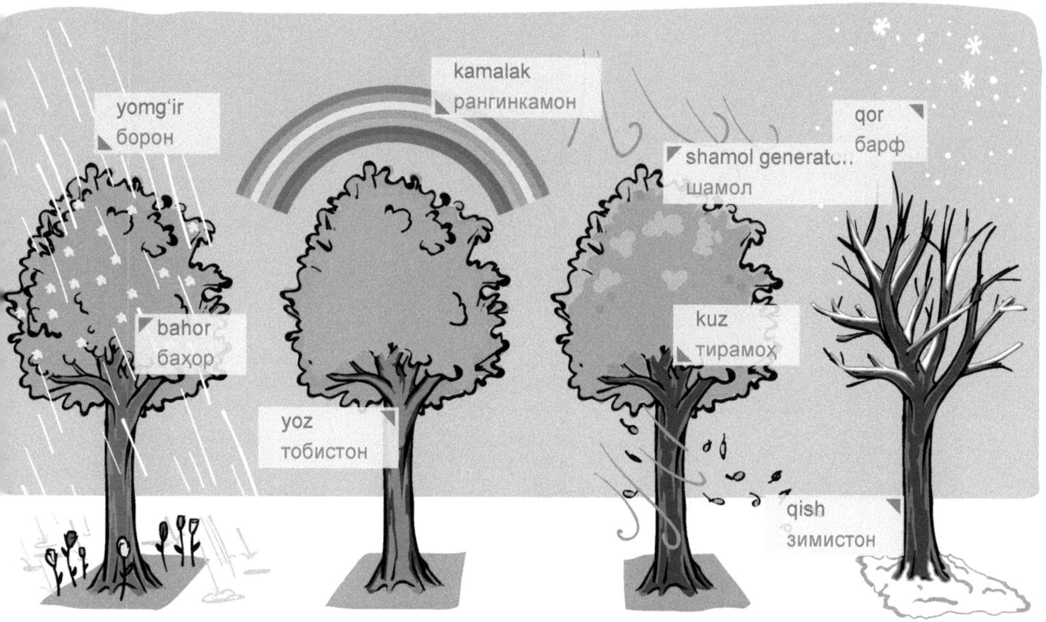

yil
сол

- yomg'ir / борон
- kamalak / рангинкамон
- qor / барф
- shamol generatori / шамол
- bahor / баҳор
- yoz / тобистон
- kuz / тирамоҳ
- qish / зимистон

ob-havo ma'lumoti
Обу ҳаво

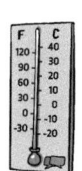

termometr
ҳароратсанҷ

quyoshli
равшании офтоб

bulut
абр

tuman
туман

namgarchilik
намнок

chaqmoq
барқ

momoqaldiroq
тундар

bo'ron
тўфон

do'l
жола

namgarchilik mavsumi
муссон

toshqin
обхезӣ

muz
ях

Yanvar
январ

Fevral
феврал

Mart
март

Aprel
апрел

May
май

Iyun
июн

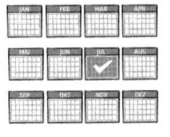
Iyul
июл

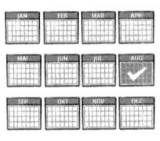
Avgust
август

yil - сол

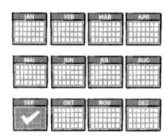

Sentyabr

сентябр

Oktyabr

октябр

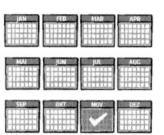

Noyabr

ноябр

Dekabr

декабр

shakllar
баст

aylana

давра

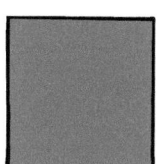

kvadrat

мураббаъ

to'rtburchak

росткунља

uchburchak

секунља

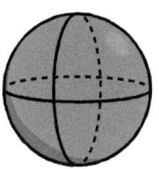

doira

соњаи

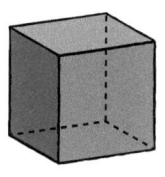

kub

мукааб

ranglar
рангҳо

oq
гулобӣ

sariq
хокистаранг

sabzi rang
зард

pushti
бунафшранг

qizil
сурх

to'q qizil
қаҳваранг

ko'k
кабуд

yashil
сиёҳ

jigar rang
кабуд

kul rang
сафед

qora
сабз

qarama-qarshi ma'noli so'zlar
мухолифат

ko'p / oz ... g'azabli / xotirjam ... go'zal / xunuk
бисёр/кам ... хашмгин / ором ... зебо/безеб

boshi / oxiri ... katta / kichik ... yorug' / qorong'u
оғози / охири ... калон/хурд ... дурахшон / торик

aka / singil ... toza / iflos ... to'liq / chala
бародари / хоҳар ... тоза/чиркин ... пурра / нопурра

kun / tun ... o'lik / tirik ... keng / tor
рӯзи / шаб ... мурдагон / зинда ... кушод/танг

yesa bo'ladigan / yesa bo'lmaydigan

хӯрданӣ / хӯрданашаванда

yovuz / xayrli

бад/нек

hayajonli / zerikarli

ба ҳаяҷон / дилгир

semik / oriq

ғавс/борик

birinchi / oxirgi

якум/охирин

do'st / dushman

Дӯсти / душмани

to'la / bo'sh

пур/холӣ

qattiq / yumshoq

сахт/мулоим

og'ir / yengil

вазнин/сабук

ochlik / chanqov

гуруснагӣ / ташнагӣ

kasal / sog'lom

бемор/солим

noqonuniy / qonuniy

ғайриқонунӣ / ҳуқуқӣ

ziyoli / kaltafahm

соҳибақл / беақл

chap / o'ng

рост/чап

yaqin / uzoq

наздик/дур

qarama-qarshi ma'noli so'zlar - мухолифат

yangi / ishlatilgan

нави / истифода бурда мешавад

hech narsa / bir narsa

ҳеҷ / чизе

qari / yosh

пир/ҷавон

yoniq / o'chiq

оид / хомӯш

ochiq / yopiq

кушода/пӯшида

past / baland

паст/баланд

boy / kambag'al

бой/камбағал

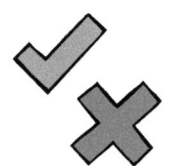

to'g'ri / noto'g'ri

дуруст/нодуруст

notekis / tekis

дурушт/ҳамвор

xafa / xursand

ғамгин/хушбахт

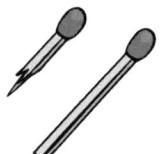

qisqa / uzun

кӯтоҳ/дароз

sekin / tez

оҳиста/тез

nam / quruq

тар/хушк

iliq / salqin

гарм / сард

urush / tinchlik

ҷанг / сулҳ

qarama-qarshi ma'noli so'zlar - мухолифат

raqamlar
ададҳо

0 nol / нол

1 bir / як

2 ikki / ду

3 uch / се

4 toʻrt / чор

5 besh / панҷ

6 olti / шаш

7 yetti / ҳафт

8 sakkiz / ҳашт

9 toʻqqiz / нӯҳ

10 oʻn / даҳ

11 oʻn bir / ёздаҳ

12
o'n ikki
дуоздаҳ

13
o'n uch
сенздаҳ

14
o'n to'rt
чордаҳ

15
o'n besh
понздаҳ

16
o'n olti
шонздаҳ

17
o'n yetti
ҳабдаҳ

18
o'n sakkiz
ҳаждаҳ

19
o'n to'qqiz
нуздаҳ

20
yigirma
бист

100
yuz
сад

1.000
ming
ҳазор

1.000.000
million
миллион

raqamlar - ададҳо

tillar
забонҳо

Ingliz

англисӣ

Amerikacha ingliz tili

англисии амрикой

Xitoy tilining Mandarin lahchasi

мандарини хитой

Hind

ҳиндӣ

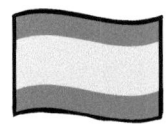

Ispan

испанӣ

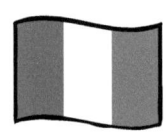

Frantsuz

фаронсавӣ

Arab

арабӣ

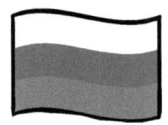

Rus

русӣ

Portugal

португалӣ

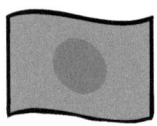

Bengal

бенгалӣ

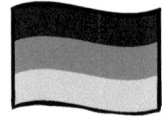

Nemis

олмонӣ

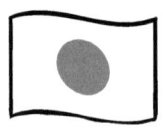

Yapon

ҷопонӣ

kim / nima / qanday
ки / чиро / тавр

Men
ман

Sen
шумо

u / u / u
Ў / вай / он

biz
мо

sizlar
шумо

ular
онҳо

kim?
ки?

nima?
чй?

qanday?
Чй хел?

qayerda?
дар кучо?

qachon?
кай?

ism
ном

qayerda
дар куҷо

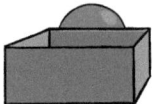

orqada
аз паси

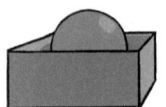

ichida
дар

oldida
дар пеши

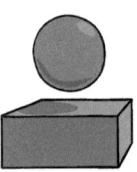

uzra
дар болои

ustida
дар рӯи

tagida
дар зери

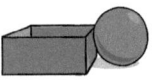

yonida
дар назди

o'rtasida
миёни

joy
ҷой